BEI GRIN MACHT SICH IHR WISSEN BEZAHLT

AF141672

- Wir veröffentlichen Ihre Hausarbeit,
  Bachelor- und Masterarbeit

- Ihr eigenes eBook und Buch -
  weltweit in allen wichtigen Shops

- Verdienen Sie an jedem Verkauf

Jetzt bei www.GRIN.com hochladen und kostenlos publizieren

Bibliografische Information der Deutschen Nationalbibliothek:

Die Deutsche Bibliothek verzeichnet diese Publikation in der Deutschen National-
bibliografie; detaillierte bibliografische Daten sind im Internet über http://dnb.d-
nb.de/ abrufbar.

Impressum:

Copyright © 2014 GRIN Verlag, Open Publishing GmbH
Druck und Bindung: Books on Demand GmbH, Norderstedt Germany
ISBN: 978-3-656-96871-9

Dieses Buch bei GRIN:

http://www.grin.com/de/e-book/300738/formen-und-funktionen-des-utopischen-
und-dystopischen-diskurses-in-christian

Julia Löwe

**Formen und Funktionen des utopischen und dystopi-
schen Diskurses in Christian Krachts Roman "Ich werde
hier sein im Sonnenschein und im Schatten"**

GRIN Verlag

GRIN - Your knowledge has value

Der GRIN Verlag publiziert seit 1998 wissenschaftliche Arbeiten von Studenten, Hochschullehrern und anderen Akademikern als eBook und gedrucktes Buch. Die Verlagswebsite www.grin.com ist die ideale Plattform zur Veröffentlichung von Hausarbeiten, Abschlussarbeiten, wissenschaftlichen Aufsätzen, Dissertationen und Fachbüchern.

Besuchen Sie uns im Internet:

http://www.grin.com/

http://www.facebook.com/grincom

http://www.twitter.com/grin_com

Universität des Saarlandes
Germanistik
Sommersemester 2014
Proseminar: Literarische Projekte der Gegenwart

Formen und Funktionen des utopischen und dystopischen Diskurses in Christian Krachts Roman „*Ich werde hier sein im Sonnenschein und im Schatten*"

Julia Löwe

Fächerkombination: Bachelor HF Katholische Theologie und NF Germanistik
Fachsemester: 4
Abgabetermin: 09.10.2014

I

Inhaltsverzeichnis

1. Einleitung

In der darstellenden Literatur rückt der konkrete philosophisch-politische Entwurf einer perfekten und besseren Gesellschaft, vor allem seitdem das Werk „Utopia" von Thomas Morus im Jahr 1516 auf den Markt kam, immer mehr in den Fokus.[1] Die Vorstellung einer perfekten und somit utopischen Gesellschaft wurde seither in vielen Romanen verwirklicht; sei es von Tommaso Campanella, William Morris, Ernest Callenbach oder Doris Lessing – alle haben neue Welten konstruiert, bessere Zukunftsmodelle entwickelt und dadurch die aktuelle gesellschaftliche Lage kritisiert.[2]

Auch im Roman von Christian Kracht *Ich werde hier sein im Sonnenschein und im Schatten*[3] sind utopische und dystopische Elemente verwirklicht, und eine neues Weltbild wurde geschaffen: Es herrscht seit 96 Jahren Krieg (vgl. IW 13). Die uns gegenwärtig als meist neutral bekannte Schweiz wurde zur Sowjetrepublik und befindet sich im Krieg mit den faschistischen Mächten Deutschland und England. Die Afrikaner wurden von den Schweizern als Soldaten ausgebildet, was auch auf den Protagonisten der Handlung zutrifft (vgl. IW 57).

IW ist „eine alternative Version der Geschichte des 20. Jahrhunderts bis in die Gegenwart", welche nicht der Realität entspricht und große Nähe zur Science-Fiction aufweist, was utopische und dystopische Elemente belegen.[4] Die nachfolgende Hausarbeit beschäftigt sich daher mit der Frage nach den Formen und Funktionen des utopischen und dystopischen Diskurses im *Sonnenschein*-Roman, das heißt, dass die unterschiedlichen utopischen Elemente in ihrer Form erläutert werden und ihre Funktion, also ihre Wirkung im Roman, im Hinblick auf Utopie und Dystopie herausgearbeitet wird.

---

[1] Vgl. Uwe Spörl (Hg.): Utopie, in: Basislexikon Literaturwissenschaft, 2., durchgeseh. Aufl., Paderborn [u.a.] 2006, S. 170-171, hier S. 170.

[2] Vgl. Andreas Kemper: Liste utopischer Romane. Die Literatur der wünschenswerten Sozialordnungen, http://andreaskemper2.wordpress.com/article/liste-utopischer-romane-8bgikaqot3ts-128/ (Art. vom 01.08. 2009) [eingesehen am 30.08.2014].

[3] Christian Krachts Roman wird im Folgenden nach der Erstausgabe *Christian Kracht: Ich werde hier sein im Sonnenschein und im Schatten. Köln: Kiepenheuer & Witsch 2008* zitiert unter der Verwendung der Sigle IW.

[4] Johannes Birgfeld & Claude D. Conter (Hg.): Die Morgenröte des Posthumanismus. 'Ich werde hier sein im Sonnenschein und im Schatten' und der Abschied von Begehren, in: Christian Kracht. Zu Leben und Werk, 1. Aufl., Köln 2009, S. 252-268, hier S. 257.

Um eine umfassende Analyse utopischer und dystopischer Elemente in literarischen Werken zu verwirklichen, müssen zunächst die Begrifflichkeiten geklärt werden. Aus diesem Grund beschäftigt sich das zweite Kapitel mit den grundlegenden Fakten: Nennung und Erläuterung der Begriffe Utopie und Dystopie, Herkunftsbeschreibung, Werdegang und Verwendung dieser.

Das darauf folgende dritte Kapitel unterteilt die im Roman vorhandenen utopischen Elemente in kleinere Abschnitte, welche die Figurenhandlungen mit utopischen Zügen (3.1.), die Anspielung auf fiktionale Utopie im Roman (3.2.), die Anspielung auf reale utopische Projekte (3.3.), die intertextuelle Anspielung auf dystopische Fiktionen (3.4.) und die intertextuellen Verweise auf Aspekte der Realgeschichte (3.5.) sind.

Es besteht nun noch die Notwendigkeit einer systematischen Überprüfung der utopischen und dystopischen Elemente im Hinblick auf ihre erzählerische Einbettung im Text. Diesbezüglich werden im vierten Kapitel die Punkte „Formale Gliederung" (4.1.), „Ort und Zeit der Romanhandlung" (4.2.) sowie die „Erzählergestaltung (nach Martinez/ Scheffel)" (4.3.) untersucht. Eine Zusammenfassung der systematischen Analyse und deren Ergebnisse werden im Hinblick auf die Ausgangsfrage im fünften Kapitel erläutert.

Ein Verzeichnis der benutzten und zitierten Primär- und Sekundärliteratur und die Selbständigkeitserklärung schließen die Arbeit ab.

2. Utopie – kurze Begriffs- und Literaturgeschichte

2.1. Utopie und Dystopie: Begriffsgeschichte

Der Begriff *Utopia*, woraus sich später der Begriff *Utopie* entwickelt, stammt von der Zusammensetzung der griechischen Begriffe *oὐ* [ou = „nicht"] und *τoπoς* [topos = Ort], also Nicht- Ort, ab.[5] Durch einen Aussprachefehler der Engländer wurde aus dem griechischen *oὐ* die Ableitung vom griechischen Wort *εὐ* [eu = „schön"] und dadurch entstand die Übersetzung „schöner/guter Ort".[6]

Ursprünglich war die Utopie Gegenstand der soziologischen und philosophischen Forschung und wurde erst später zum Thema darstellender Literatur durch den „konkrete[n] philosophisch-politische[n] Entwurf einer (idealen, anderen) Gesellschaft", insbesondere bei Romanen.[7] Die Vorstellung einer idealen Gesellschaft ruft bald auch die Vorstellung einer von Grund auf schlechten Gesellschaft hervor und dadurch entsteht das Gegenteil der Utopie, die *„Anti-Utopie, Dystopie* oder *negative* bzw. *schwarze Utopie".*[8]

2.2. Kurze Geschichte der Gattung „Utopie" in der deutschsprachigen Literatur und Bedeutungsvielfalt

Im Laufe der Zeit haben sich zwei Grundtypen der Utopie entwickelt: die ältere und die neuere Version der Utopie. Bei der traditionellen, älteren Version wird ein schwer zugänglicher und fremder Ort beschrieben, der somit einen statischen Gegensatz zum realen Bild darstellt. Dem entgegen steht die neuere Variante, welche sich mit der Darstellung der utopischen Gesellschaft der Zukunft beschäftigt.[9]

Die ältere Darstellung lässt sich zeitlich vor allem ins 16., 17. und 18. Jahrhundert verorten, während die neuere Ausführung durch den technischen Fortschritt der heutigen Zeit geprägt ist. Dadurch entspricht die neuere Version eher Science-Fiction-

---

[5] Hans-Edwin Friedrich: Utopie, in: Reallexikon der deutschen Literaturwissenschaft, hg. v. Jan-Dirk Müller, Bd. 3, 3., neubearb. Aufl., Berlin 2003, S.739-743, hier S.740.
[6] Ebd.
[7] Spörl: Utopie, S. 170.
[8] Friedrich: Utopie, S.739.
[9] Vgl. Spörl: Utopie, S. 170.

3

Romanen, die den rasanten technischen Fortschritt gedanklich weiterentwickeln, oder Dystopien, um aktuelle gesellschaftliche Missstände zu kritisieren.[10]

Die ursprüngliche Bedeutung des Begriffs *Utopie* wurde weiter ausgedehnt und kann nun, laut Friedrich, in verschiedene Verwendungsweisen unterteilt werden:

Die erste Bedeutung lässt sich auf den Namensgeber Thomas Morus zurückführen und beschreibt das von ihm entwickelte Gemeinwesen, beziehungsweise sein literarisches Werk. Morus' Konzept wird im 16. und 17. Jahrhundert weiterentwickelt und wird zu einem „fiktiven Ort und damit zu einer geographischen Metapher".[11]

Während im 18. Jahrhundert der Begriff *Utopie* im Lexikon als „Schlaraffenland" ausgezeichnet ist, erfährt die Bedeutung im 19. Jahrhundert eine gravierende Wende. „Frühsozialistische Entwürfe werden polemisch als ‚unrealisierbare Vorstellungen' angegriffen" und somit wird die Utopie als ‚Hirngespinst' angesehen. Zudem rückt die Science-Fiction-Literatur immer mehr in den Vordergrund und wegen „stofflicher Überschneidungen" zwischen utopischer und Zukunftsliteratur wird diese auch als Utopie identifiziert.[12]

Als literarische Gattung wird die Utopie erst durch Robert von Mohl 1845 eingeführt, als Begriff setzt sie sich erst im 20. Jahrhundert durch und nur kurze Zeit darauf folgen auch Darstellungen des Gegenteils, die „*Anti-Utopie, Dystopie* oder *negative* bzw. *schwarze Utopie*".[13]

Eingang in die sozialphilosophische Forschung als „wirklichkeitsüberschreitende und auf ein ideales Telos [= Ziel] ausgerichtete Denkhaltung" fand die Utopie durch Gustav Landauer 1907.[14]

Heute versteht man allgemein gefasst den Begriff *Utopie* als „Modell einer idealen Gesellschaft".[15]

---

[10] Vgl. ebd., S. 171.
[11] Friedrich: Utopie, S.739.
[12] Ebd.
[13] Ebd.
[14] Ebd.
[15] Ebd. S.739.

3. Utopische Elemente im Roman „Ich werde hier sein im Sonnenschein und im Schatten"

3.1. Figuren mit utopischen Zügen

Im *Sonnenschein*-Roman wird dem namenlosen Protagonisten die Hauptrolle zugeschrieben, während die Nebenfiguren, abgesehen von Branzhinsky, kaum mehr als eine Szene bekommen und für den Handlungsverlauf eher unwichtige, aber trotzdem extreme Persönlichkeiten darstellen. Die drei wichtigsten Nebenrollen sind, wie zuvor erwähnt, der Arzt und Gemischtwarenhändler Branzhinsky, zudem seine Frau, die Offizierin Favre, und der Einsiedler Uriel.

Die große Bedeutung der Figur Branzhinsky lässt sich früh erkennen, denn schon zu Beginn des Romans sagt der Protagonist: „Heute war Branzhinskys Tag" (IW 11). Im weiteren Verlauf der Geschichte erfährt man, dass der Protagonist, der im Folgenden als Parteikommissär bezeichnet wird (vgl. IW 12), die Aufgabe bekommen hat, den Oberst Branzhinsky zu finden und ihn zu verhaften. Aus diesem Grund zieht sich der Name Branzhinsky durch den ganzen Roman, obwohl die Figur selbst erst am Ende der Geschichte direkt auftritt.

Nach einer langen Reise findet der Parteikommissär Branzhinsky im Alpen-Reduit auf und erkennt ihn sofort (vgl. IW 105). Er möchte seinen Auftrag ausführen und den Oberst festnehmen, aber

> Branzhinsky öffnete den Mund, und [er] erhielt einen gewaltigen Stoss versetzt, sein Wille drückte erst [ihm] die Waffe aus der Hand, dann der Pionierin und dem welschen Soldaten. Die Revolver fielen mit laut-schepperndem Getöse auf den steinernen Boden, und Branzhinsky schloss den Mund. [...] [Er] bewegte sich aus der Schall-Umklammerung heraus, versuchte aber nicht, [seine] Pistole aufzuheben. (IW 108)

Der „unscheinbare" und „durchschnittliche" (IW 106) Arzt und Gemischtwarenhändler hat eine neue Sprache erfunden – die Rauchsprache, eine Sprache durch Gedanken (vgl. IW 42). Schon früher in der Handlung wurde der Parteikommissär von Favre diesbezüglich aufgeklärt und gewarnt (vgl. IW 42) und auch der Zwerg Uriel, den er auf dem Weg zum Reduit traf, sprach von einem Mann, der „Rauch im Hals" (IW 80) hatte, und trotz allem ist der Protagonist von dieser Sprache überrascht worden.

Zunächst war er davon überzeugt, dass „Branzhinsky [...] wahnsinnig [ist]" (IW 109), aber später verwendet auch er die Sprache, die durch Pilze, Psylocibine, ermöglicht wird (vgl. IW 126).

Branzhinsky wird „wie eine Maschine, wie eine sonderbare Apparatur, ein Schweizer Uhrwerk" (IW 116) beschrieben und dadurch die Vorstellung auf einen neuen, verbesserten Menschen hingelenkt, was im Folgenden detaillierter erläutert werden wird.

Die beiden anderen Nebenrollen dienen dem Zweck, dem Parteikommissär auf der Suche nach dem Oberst zu helfen. Somit taucht bereits früh im Roman die Divisionärin Favre auf, von der man später erfährt, dass sie die Ehefrau von Branzhinsky ist.

Die Tatsache, dass sie selbst die Partnerschaft nicht erwähnt und dem Protagonisten hilft Branzhinsky zu finden, lässt darauf schließen, dass die Ehe vermutlich nur noch auf dem Papier existiert und nicht mehr gelebt wird. Ein weiteres Indiz dafür ist, dass der Kommissär und die Divisionärin sich zu einer Liebschaft hinreißen lassen (vgl. IW 46).

Die äußere Gestalt von Favre wird sehr kühl und, man kann fast sagen, „metallisch" beschrieben: „Sie trug ihr eisengraues Haar militärisch kurzgeschoren. Ihre Augen waren hellgrau und wässrig, wenig schien ihnen zu entgehen" (IW 31). Dass sich die Berührung ihrer Hand anfühle wie ein elektrisches Feld (vgl. IW 45), „ihr Nacken [...] nach Metall [roch]" (IW 45) und „neben ihrer Achselhöhle [...] eine Steckdose in die Haut eingelassen [war]" (IW 46), lässt die Vermutung zu, dass die Beschreibung von Favre der einer Maschine, besser gesagt einem Roboter, gleichen soll, was für die spätere Geschichte noch von entscheidender Bedeutung ist.

Favres Auftritt endet mit dem plötzlichen Tod durch eine Flugzeugbombe (vgl. IW 46). Auf den Spuren von Branzhinsky findet der Parteikommissär mitten im Wald ein kleines, scheinbar verlassenes Häuschen. Dort begegnet er dem Zwerg Uriel, traut ihm aber nicht, greift ihn an und findet sich letzten Endes gefesselt an seinem Bett wieder. Durch ihn erfährt er dann, dass Branzhinsky bei ihm vorbei gekommen ist und er somit auf dem richtigen Weg ist. Der Kommissär kann die Fesseln lösen und nach einem kleinen Kampf reitet er schnell weiter.

Zunächst erscheint Uriel als sehr unbedeutende und nebensächliche Rolle, aber als der Kommissär später in Not gerät, weil er auf eine Mine getreten ist, taucht Uriel aus dem Nichts auf und rettet ihm das Leben, indem er sich selbst auf die Mine stellt. Die Person Uriel lebt entfernt vom Kriegsgeschehen mit einer Bibel im Wald (vgl. IW 90). Er steht stellvertretend für den aufgegebenen religiösen Glauben der Menschen durch den Krieg und die Verbannung der Religion aus dem Leben der Menschen und den Städten. Als er sein Leben opfert, versucht er dem Glauben wieder Nachdruck und Sinn zu verleihen. Er, dessen Name bereits auf göttliche Sphären hindeutet[16], spricht Worte, die an Ex 3,14 angelehnt sind, als Gott sich dem Mose vorstellt: „Du kannst nichts machen, *ich bin da*" (IW 89) [*Hervorhebung* selbst vorgenommen].

Nun kommen wir zur Hauptperson, dem namenlosen Protagonisten, von dem bekannt wird, dass er afrikanischer Abstammung ist (vgl. IW 54) und „sich als Produkt eines kolonialistischen Erziehungsprogramms der Schweizer Sowjetrepublik erkennt und diesem entflieht."[17]

Der Charakter des Neu-Berner Parteikommissärs (vgl. IW 12) ist schwer zu erfassen, da er im Laufe seiner Reise eine Wandlung durchläuft.

Allerdings gibt es auch Charaktereigenschaften, die deutlich zu erkennen sind und sich im Verlauf nicht ändern, wie zum Beispiel seine monotone und gleichgültige Haltung den Menschen und Dingen gegenüber, was sich beim Tod von Favre ausdrückt (vgl. IW 46). Teilweise wirkt er teilnahmslos, versunken in seinen Gedanken, in einer anderen Welt zuhause und sehr verwirrt.

Auf Seite 46 beispielsweise beginnt die Beschreibung eines romantischen Abenteuers: „Sie zog mir das Hemd über den Kopf, dann warf sie ihr eigenes, schweres, Baumwollhemd in die Ecke des Zimmers" (IW 46). Man rechnet nach diesem Satz nicht damit, dass er denkt, „es würde draußen schneien." Die romantische Erzählung wird fortgesetzt: „Wir berührten uns. Sie strich mit den Fingern über meine Augenbrauen." Und darauf folgt dann die Feststellung, dass sie sprechen konnte (IW 46).

---

[16] Uriel ist in den apokryphen Schriften der Name eines Engels.
[17] Matthias N. Lorenz (Hg.): Christian Kracht. Werkverzeichnis und kommentierte Bibliografie der Forschung, Bd. 21, Bielefeld 2014, S. 14.

Sobald Gefühle und ein gewisser Einblick in die Gefühlswelt des Protagonisten entstehen könnten, folgt umgehend eine Art Einschnitt und der Leser wird sozusagen auf Distanz gehalten.

Der Hauptdarsteller ist ein Außenseiter, denn er ist anders. Sowohl anatomisch bzw. äußerlich als auch von der Einstellung. Ein entscheidendes Indiz für sein Anderssein ist die Tatsache, dass sich sein Herz auf der rechten Seite befindet, was durch eine Malaria-Infektion verursacht wurde (vgl. IW 56). Zudem haben sich seine ursprünglich braunen Augen blau verfärbt und während des Handlungszeitraumes werden diese immer blauer (vgl. IW 146).

Er erfährt wegen seines Andersseins durchgängig Ablehnung. In der Schweiz wird er aufgrund der Hautfarbe diskriminiert, und als er nach Afrika zurückkehrt, wegen der blauen Augen (vgl. IW 146).

Schmerzlich muss sich der Protagonist am Ende des Buches eingestehen, dass er eigentlich nicht besser ist als die antisemitischen, rassistischen Deutschen, die er so verurteilte (vgl. IW 20). Es ist die folgende Formulierung, die Anlass zu dieser Deutung gibt:

> Waren sie wirklich meine Brüder? Waren sie mir so vertraut, als ihnen deutsche Kugeln die zu Staub zersplitternde Schädeldecke wegschossen oder als der Druck der explodierenden Granaten ihnen die Eingeweide wie blutrote und eitergelbe Würmer aus den Bäuchen presste? Was fühlte ich, wenn ich sie, die Trillerpfeife im Mund, als erste aus dem Schützengraben schickte, hinaus, hoch, unter den Stacheldraht, ins Sperrfeuer, und immer erst dann die Weissen? (IW 112)

Obwohl er es eigentlich besser wissen müsste, wie es ist, minderwertig behandelt zu werden, verhält er sich keineswegs anders.

3.2. Anspielungen auf fiktionale Utopien im Roman

Der Begriff *Utopie* bedeutet an sich bereits, dass etwas anders dargestellt wird, als es im realen Leben ist. Allerdings gibt es dabei Darstellungen, die durchaus vorstellbar und umsetzbar sind, und solche, die so in der realen Welt nicht existieren können bzw. nur sehr schwer vorstellbar sind. Aus diesem Grund enthält die folgende Analyse eine Differenzierung in fiktionale Utopie (welche in diesem Kapitel untersucht wird) und reale Utopie (Kapitel 3.3).

Ein fiktionales utopisches Projekt ist die Rauchsprache (vgl. IW 42).

Es handelt sich dabei um eine Sprache, welche nicht nur „im Raum [existiert], [sondern] […] zutiefst dinglich [ist]" (IW 44). Ein „Einzelner muss zu einem Gegenstand werden, zu etwas Gegenständlichem" (IW 39), um die drahtlose (vgl. IW 40), durch Psylocibine hervorgerufene (vgl. IW 126) „Sprache der Weisen" (IW 138) benutzen zu können. Näher erläutert kommt die Sprache aus dem Innern des Menschen (vgl. IW 124), welche sich weder der Lippen noch der Stimmbänder bedient (vgl. IW 108). Diese erzeugt eine Schall-Umklammerung, die bewirken kann, dass beim Gegenüber Lähmungserschei-nungen auftreten (vgl. IW 108).

Dieses „Virus" (IW 126) ist ein Produkt des Krieges, was zur Folge hat, dass die neue Sprache nach Beendigung des Krieges nicht mehr verständlich ist (vgl. IW 136). Branzhinsky hatte sie erfunden, um eine bessere Sprache für einen besseren Menschen zu haben. Was uns zu unserem zweiten fiktionalen utopischen Punkt führt: der neuen Rasse, dem besseren Menschen, im Reduit.

Im Reduit herrscht, laut Branzhinskys Schilderungen, Frieden. Trotz des außerhalb des Reduits herrschenden Krieges führen die Menschen in der Bergfestung ein sicheres und autonomes Leben im Zeichen des Kommunismus (vgl. IW 110).

3.3. Anspielungen auf reale utopische Projekte

Neben den fiktionalen utopischen Projekten im Roman gibt es auch Vorstellungen, die zwar utopisch sind, aber durchaus vorstellbar und möglich sein könnten.

Zum Beispiel wird die SSR, die den Leser begrifflich wohl an die UdSSR erinnern soll, in diesem Kontext als schweizerische Sowjetrepublik (vgl. IW 111), als eine Friedensgesellschaft, dargestellt (vgl. IW 20). Wenn man bedenkt, wie im Westen die UdSSR bewertet wurde, ist es utopisch, in diesem Zusammenhang an eine Friedensgesellschaft zu denken.

Des Weiteren rückt das Reduit als Lebensraum in den Vordergrund. Das Bedeutende dabei ist, dass ein Berg eigentlich völlig lebensunpassende Bedingungen aufweist, aber im Roman als absolut optimaler Lebensraum geschildert wird, wie sich aus dem folgenden Zitat herauslesen lässt:

Schweizer Soldaten dekorierten ihre Stuben mit Volants aus gerafftem Damast; Dutzende von Maschinenräumen standen entweder leer oder waren zu grossen Salons umfunktioniert worden, in denen Offiziere präparierte Tiere zur Schau stellten; man sah ausgestopfte Füchse, Schaukästen mit Hunderten von Insektenarten, erbeutete deutsche und englische Wimpel und Fahnen, beschmierte griechische Ikonen, altertümliche Waffen wie Hellebarden und Vorderlader, Volieren mit vor vielen Jahren darin verhungerten – und nun, durch einen mir unbekannten Prozess mumifizierten – afrikanischen Vögel, mit dunkelgrüner Seide bezogene Stühle, Orden, Pfauenfedern, getrocknete Blumen, Folianten, einen Ledersattel, hölzerne, aus einem einzigen Baumstamm gehauene, grellbemalte Statuen und Idole; ganze Zimmer waren mit amexikanischen Tüchern, Decken und Capes verhängt; von den Decken hingen kristallene Kronleuchter und koreanische Lampions; andere Zimmer waren mit Tausenden von wächsernen Stimm-Schriften und ihren korrespondierenden Wiedergabeapparaten so vollgestellt, dass man nicht einmal deren Tür zu öffnen vermochte; andere Zimmer beherbergten zu Bergen aufgeschichtete, unzählbare Mengen von Kämmen und Brillengestellen aus Azetaten und Phenolharzen, wieder andere Zimmer bargen Gold in allen nur erdenklichen Formen und Variationen, Uhren, Musikinstrumente, Statuen von goldenen und nun weissen Pferden. (IW 120 f.)

Trotz relativ neutraler Darstellung des Erzählers wird klar, dass das Reduit alles aufweist, was der Mensch zum Leben braucht. Es ist aber fraglich, ob der verbesserte und fortschrittliche Mensch - wie in der Darstellung gezeigt - wirklich rückschrittlich in einer Bergfestung leben würde.

Ebenso ist es heute eine abstruse Behauptung zu sagen, dass Afrika der Ursprungskontinent ist und sich zum Fortschrittsland entwickelt. Im Roman wird aber die feste Überzeugung vermittelt, dass Afrika der Ursprungskontinent ist (vgl. IW 35), den die Schweiz nun zu verbessern versucht und darin ihre Zukunft sieht. Noch utopischer ist dazu dann die Vorstellung, dass Afrika nach dem Krieg und nach ihrer großen Entwicklung, sei es nun im Bauwesen, im Bildungswesen oder im hygienischen Bereich, sich nach dem Fall des Reduits und Beendung des Krieges wieder komplett zurück-entwickelt und lieber unter den primitivsten Bedingungen weiterlebt (vgl. IW 148).

Der rasante technische Fortschritt unserer Zeit macht auch das plötzliche und wiederholte Auftreten sogenannter „Sonden" vorstellbar. Die Sonden kommen im Roman immer wieder unkontrolliert vor und spielen somit eine wichtige Rolle, welche aber nicht klar zu deuten ist. Es könnte sich dabei um Sonden der Regierung handeln, die in ihrer Funktion als Kontrollinstanz dienen. Es könnten auch die kontrovers dargestellten Gedanken des Protagonisten sein oder auch einfach nur ein utopisches Element das Verwirrung stiften soll. Ihr Auftauchen scheint immer willkürlich und wird auch nur mit kurzen Sätzen erwähnt, worauf dann aber nicht weiter eingegangen wird, wie im Folgenden unschwer zu erkennen ist:

> Eine jener kleinen eisernen Sonden schwebte fünf Zentimeter über den Felljacken, leuchtete und drehte sich um die eigene Achse. Sie sang etwas, diesmal hörte ich hin. Meine Augen sind geschlossen. Geschlossen. Ich komme nur ganz kurz hierher. Berge und Wolken. Vögel sind dort. Ich bin an diesem Ort. Verloren. Die Sonde drehte sich immer schneller, summte nicht mehr, wurde dann immer schwächer, erlosch und verschwand. (IW 25)

Wie bei den meisten utopischen Elementen im Roman wird auch das Ende der Sonde mit dem Ende des Krieges gleichgesetzt (vgl. IW 145).

3.4. Intertextuelle Anspielungen auf dystopische Fiktionen

Neben der Untersuchung der vielen utopischen Elemente im Roman darf die Analyse der dystopischen Elemente nicht fehlen.

Die wohl auffälligste dystopische Vorstellung ist die des fast 100 Jahre andauernden Krieges (vgl. IW 13). Im Roman wird immer wieder erwähnt, dass „es […] notwendig [war], dass der Krieg weiterging. [Denn] er war der Sinn und Zweck [des] Lebens […]. Für ihn waren [alle] auf der Welt" (IW 21). „ Es war niemand mehr am Leben, der im Frieden geboren war" (IW 13). Somit ist der Krieg zum Lebensinhalt und zur unbedingt notwendigen Bedingung für Leben geworden.

Das heutige Bild der neutralen Schweiz wird hier im dystopischen Diskurs als kriegerische Sowjetrepublik dargestellt, was sich aus einer kontrafaktischen Geschichtsschreibung ergibt, bei der Lenin im schweizerischen Exil geblieben ist und nicht, wie es wahrheitsgemäß wäre, nach Russland zurückkehrte (vgl. IW 93).

Zudem ist es auffällig, dass sich der hochrangige Kommissär mittels Pferden fortbewegt (vgl. IW 50), er einer der wenigen ist, der das Lesen und Schreiben erlernt hatte (vgl. IW 24), die Kunst sich im „Stadium der Auflösung" befindet (IW 122) und die Vorstellung eines Funks, zur Sprachübermittlung, völlig abwegig ist (vgl. IW 40). Diese Aspekte hat auch Hermes in seinem Aufsatz „Tristesse globale. Intra- und interkulturelle Fremdheit in den Romanen Christian Krachts" bereits erkannt.

Dieser gravierende technische Rückschritt wird zum Schluss des Romans auf die Spitze getrieben: Es wird erklärt, dass das entwicklungsmäßig vorangetriebene Afrika sich wieder vollkommen zurückentwickelt, sei es das Verkommen der Architektenwerke zu Siedlungen als auch bei der Beschreibung der nun wieder schmutzigen Straßen (vgl. IW 149).

3.5. Intertextuelle Verweise auf Aspekte der Realgeschichte

IW bedient sich zwar bei verschiedenen Aspekten einer neuen Geschichtsschreibung, greift aber auch realgeschichtliche Aspekte auf. Zum Beispiel ist die Gesellschaft geprägt von hoher kultureller Vermischung: „Ein Jude, eine Frau und ein Schwarzer, das ist die Schweiz, das ist die neue Welt" (IW 124).

Zum einen arbeiten viele verschiedene Kulturen zusammen, was man an den fünf unterschiedlichen, im Roman vorkommenden Sprachen erkennen kann (vgl. IW 124) und zum anderen ist es keine große Überraschung, dass eine Frau einen hohen Posten beim Militär innehat. Trotz immer wieder auftauchender antisemitischer Bemerkungen wird deutlich, dass die Intention des Buches eine Welt ohne Frauenfeindlichkeit und Rassismus beinhaltet. Dies entspricht der Vorstellung unserer heutigen Gesellschaft, bei der Frauen auch in Männerberufen eine große Akzeptanz entgegengebracht wird und alle Kulturen Hand in Hand arbeiten können, auch wenn es trotz allem vereinzelt Gegner dieser Einstellung gibt.

Der Maler Roerich mit seinen Gemälden ist keine fiktionale Figur, sondern hieß mit vollen Namen Nikolaj Konstantinovič Roerich und lebte als Humanist, Maler, Dichter, Philosoph und Wissenschaftler in Russland.[18] Die Darstellung seiner Person im Roman ist durchaus realistisch, bis auf die Tatsache des Lebens im Reduit in der Schweiz.

Auch die Kritik an der Religion, dem Glauben an Gott und der Verbannung des Glaubens aus den Köpfen des Menschen ist nicht nur realistisch vorstellbar, sondern in der Geschichte insofern präsent, als sich der Atheismus zumindest in der abendländischen Kultur seit dem Zeitalter der Aufklärung immer mehr zu verbreiten scheint.

---

[18] Vgl. Jacqueline Decter: Nicolas Roerich – Leben und Werk eines russischen Meisters, http://www.roerich.websiteportal.de/ [eingesehen am 15.09.2014].

4. Erzähltextanalyse

4.1. Formale Gliederung des Romans

Das 149-seitige Werk *Ich werde hier sein im Sonnenschein und im Schatten* wurde von Christian Kracht in 13 Kapitel unterteilt, welche, bis auf ein paar eingeschobene Rückblicke, chronologisch geordnet sind.

Dem Werk geht eine Widmung an Krachts Frau voraus und eine Art Motto, das in zwei unterschiedlichen Sätzen dargestellt wird.

Bei den beiden Sätzen handelt es sich einmal um einen Textauszug, welcher der klassischen europäischen Literatur, genauer D. H. Laurence, zuzuordnen ist, während der andere Satz in der Sprache der Nyanja geschrieben ist und ohne Übersetzung für uns nicht verständlich wäre.

Der erste Satz bedeutet sinngemäß, dass die Welt sehr viel schöner wäre, wenn es dort keine Menschen gäbe. Darunter folgt das Sprichwort: „Wenn du hässlich bist, lerne tanzen" (IW 10).

Zunächst ist es fraglich, wie diese beiden Aussagen miteinander einhergehen. Nach dem Lesen des Romans ist es aber nicht von der Hand zu weisen, dass diese beiden Leitsprüche den Handlungsverlauf des Romans widerspiegeln: Von der Zivilisationsmüdigkeit geprägt, wandern die Menschen zurück nach Afrika und leben dort in einer Welt voller Energie, entgegen der Zivilisation der Müdigkeit.

4.2. Ort und Zeit der Romanhandlung

Die Handlung des Romans spielt im 20. Jahrhundert, allerdings in einer alternativen Welt. Kracht hat ein Ereignis im Geschichtsverlauf verändert und somit eine Parallelwelt erschaffen, in der seit 96 Jahren Krieg herrscht. Diese Welt knüpft zwar an die reale Welt an, aber variiert in einigen Aspekten.

Es handelt sich bei IW um einen Reisebericht, in dem verschiedene Orte erwähnt werden. Der Protagonist wandert vom Ursprungsland aller Menschen, seiner Heimat im Nyasa-land/Afrika, in die Zivilisation, genauer nach Neu-Bern aus. In Neu-Bern bekommt er dann einen Suchauftrag und reist infolgedessen von Neu-Bern zum Alpen-Reduit, wobei bei seiner Reise immer ausführlich über die Landschaften bzw. Umgebungen berichtet wird.

Zudem ist zu erwähnen, dass bei einem Rückblick auch eine Reise zum Kilimandscharo berichtet wird.

4.3. Erzählergestaltung (nach Martinez/Scheffel)

Der namenlose Ich-Erzähler wirkt in der Romanhandlung eher unbeteiligt, was zur Folge hat, dass sich der Leser wenig geleitet fühlt. Allerdings handelt es sich bei dem Standpunkt des Erzählers um eine interne Fokalisierung, was dem Leser zwar Subjektivität vermittelt, aber dem Erzähler dadurch auch Glaubhaftigkeit zukommen lässt. Diese interne Fokalisierung zieht sich durch den ganzen Roman, bis am Ende in Kapitel 13 die Perspektive auf einen auktorialen, nullfokalisierten Erzähler wechselt, um einen deutlichen Bruch zur vorangegangenen Erzählung zu verdeutlichen. Birgfeld und Claude interpretieren dies in ihrem Aufsatz „Die Morgenröte des Posthumanismus. 'Ich werde hier sein im Sonnenschein und im Schatten' und der Abschied von Begehren" als doppelten Abschied: als Abschied des Erzählers der vorangegangenen Kapitel und des afrikanischen Protagonisten aus der Zivilisation – aus Europa.[19]

Die Handlung wird von einem extradiegetisch-homodiegetischen Erzähler weitgehend gleichzeitig, chronologisch erzählt, abgesehen von den Rückblicken in den Kapiteln 4 und 6.

Das gleichzeitige Erzählen und das direkte Erzählen durch den Protagonisten erweckt beim Leser das Vertrauen, dass die erzählte Handlung der Wahrheit entspricht, besser gesagt der subjektiven Wahrheit. Dazu wird eine Spannung erzeugt, die dem Leser eine stärkere Nähe zur Handlung ermöglicht.

Je nach Situation werden transponierte Figurenrede (vgl. IW 85) oder aber zitierte Figurenrede (vgl. IW 128) dargestellt, um entweder eine hohe Unmittelbarkeit oder große Distanz zu vermitteln.

Die Darstellung der Ereignisse erfolgt entweder durch isochronische Dauer bei den Gesprächen (vgl. IW 140) oder raffende Dauer, wobei überwiegend die raffende Dauer verwendet wird. Dies ist ein typisches Element der Abenteuererzählung und zeigt Handlungsorientiertheit. Dadurch wird Spannung erzeugt und der Leser befindet sich näher am Geschehen.

---

[19] Birgfeld & Conter: Die Morgenröte des Posthumanismus. 'Ich werde hier sein im Sonnenschein und im Schatten' und der Abschied von Begehren, S. 257.

5. Formen und Funktionen des utopischen und dystopischen Diskurses im Roman – Zusammenfassung der Ergebnisse

Beim Roman *Ich werde hier sein im Sonnenschein und im Schatten* von Christian Kracht handelt es sich um einen Roman mit hohem Diskussionspotenzial.

Die Süddeutsche Zeitung schreibt: „Christian Kracht liefert in seinem neuen Roman Atmosphäre pur - und das im schönsten Deutsch, das derzeit zu lesen ist"[20], während der Fluter diese Zeilen abgedruckt hat: „*Ich werde hier sein im Sonnenschein und im Schatten*" fesselt und verstört zugleich. Der Roman verunsichert, er ist fantastischer und extremer als alles, was Kracht bislang geschrieben hat."[21]

Diese Auffassungen ergeben sich durch die im Kracht'schen Roman beinhalteten, problematischen Themen einer „Autodestruktion ganzer Kulturen, den Zerfall Europas und anderer Weltregionen in einer Epoche des unbarmherzigen Krieges." [22]

Die vorliegende Arbeit hat die grundlegenden Formen und Funktionen des utopischen und dystopischen Diskurses im Roman herausgearbeitet und unter Berücksichtigung der formalen Analyse, Ort und Zeit des Romans und der Erzählergestaltung nach Martinez/ Scheffel folgende Ergebnisse herausgearbeitet:

Kracht bedient sich mehrerer unterschiedlicher Formen, um sein utopisches Weltbild zu verdeutlichen. Zum einen in der Darstellung bereits utopischer Figuren, wie Branzhinsky, durch die Entwicklung utopischer Erfindungen, wie die Rauchsprache, oder durch die vorherrschenden Verhältnisse seiner konstruierten Weltvorstellung, einer Schweizer Sowjetrepublik, verbunden mit dem dystopischen Element des 96 Jahre langen Krieges. Diese „retrofuturistische Fantasie"[23], die Kracht in seinem Roman verwirklicht, erzeugt beim Leser eine - wie der Fluter so treffend behauptete - verunsichernde, fesselnde und zugleich verstörende Wirkung.

---

[20] Gustav Seibt: Christian Kracht: Neuer Roman, http://www.sueddeutsche.de/kultur/christian-kracht-neuer-roman-es-roch-nach-menschentalg-1.707352 (Art. v. 20.09.2010) [eingesehen am 05.09.2014].
[21] Fabian Dietrich: Christian Kracht. Ich werde hier sein im Sonnenschein und im Schatten. Endloser Krieg, http://www.fluter.de/de/USA/buecher/7163/ (Art. v. 03.10.2008) [eingesehen am 05.09.2014].
[22] Stefan Hermes: Tristesse globale. Intra- und interkulturelle Fremdheit in den Romanen Christian Krachts, in: Poetik der Oberfläche. Die deutschsprachige Popliteratur der 1990er Jahre, hrsg. v. Olaf Grabienski, Berlin [u.a.] 2011, S. 187-202, hier: S. 199.
[23] Gregor Dotzauer: Ein bisschen Spaß muss sein, http://www.tagesspiegel.de/kultur/literatur/belletristik-ein-bisschen-spass-muss-sein/1329748.html (Art. v. 21.09.2008) [eingesehen am 18.09.14].

Die Komplexität von Krachts Werken erahnt man bereits vor Beginn des Lesens durch das Spiel mit dem Motto. Vorab gibt Kracht im Prinzip das Ende des Buches bekannt, ohne beim Leser im Geringsten eine Vorahnung zu erzeugen.

Dieses Moto spiegelt sich auch in der formalen Gestaltung des Werkes wider. Ein Afrikaner kommt in die zivilisierte Schweiz und wandert aber am Ende der Geschichte wieder zurück nach Afrika, weil die Zivilisation zerfällt.

Er unterstreicht seinen verdeckten Plan, der immer auf das Wiederkehren des Protagonisten nach Afrika und den Zerfall der Zivilisation abzielt, durch verschiedene sprachliche Mittel, wie die raffende Erzähldauer, das chronologische, gleichzeitige Erzählen und das deutlichste Element, den Erzählerwechsel vom Ich-Erzähler hin zum null-fokalisierten, allwissenden Erzähler.

Es lässt sich also zusammenfassen, dass Kracht einen Roman geschaffen hat mit einem komplexen Konstrukt utopischer und dystopischer Elemente und ihm eine Unterstreichung dieser Elemente durch den schlüssigen Aufbau des Romans sowie den ästhetischen Schreibstil gelungen ist.

6. Literaturverzeichnis

6.1. Primärliteratur

Christian Kracht: Ich werde hier sein im Sonnenschein und im Schatten. Köln: Kiepenheuer & Witsch 2008.

6.2. Sekundärliteratur

Birgfeld, Johannes & Conter, Claude D. (Hg.): Die Morgenröte des Posthumanismus. ʿIch werde hier sein im Sonnenschein und im Schattenʿ und der Abschied von Begehren, in: Christian Kracht. Zu Leben und Werk, 1. Aufl., Köln 2009, S. 252-268.

Decter, Jacqueline: Nicolas Roerich – Leben und Werk eines russischen Meisters, http://www.roerich.websiteportal.de/ [eingesehen am 15.09.2014].

Dietrich, Fabian: Christian Kracht. Ich werde hier sein im Sonnenschein und im Schatten. Endloser Krieg, http://www.fluter.de/de/USA/buecher/7163/ (Art. v. 03.10.2008) [eingesehen am 05.09.2014].

Dotzauer, Gregor: Ein bisschen Spaß muss sein, http://www.tagesspiegel.de/kultur/literatur/belletristik-ein-bisschen-spass-muss-sein/1329748.html (Art. v. 21.09.2008) [eingesehen am 18.09.14].

Friedrich, Hans-Edwin: Utopie, in: Reallexikon der deutschen Literaturwissenschaft, hg. v. Jan-Dirk Müller, Bd. 3 (P-Z), 3., neubearb. Aufl., Berlin 2003, S. 739-743.

Hermes, Stefan: Tristesse globale. Intra- und interkulturelle Fremdheit in den Romanen Christian Krachts, in: Poetik der Oberfläche. Die deutschsprachige Popliteratur der 1990er Jahre, hrsg. v. Olaf Grabienski, Berlin [u.a.] 2011, S. 187-202.

Kemper, Andreas: Liste utopischer Romane. Die Literatur der wünschenswerten Sozialordnungen, http://andreaskemper2.wordpress.com/article/liste-utopischer-romane-8bgikaqot3ts-128/ (Art. v. 01.08.2009) [eingesehen am 30.08.2014].

Lorenz, Matthias N. (Hg.): Christian Kracht. Werkverzeichnis und kommentierte Bibliografie der Forschung, Bd. 21, Bielefeld 2014.

Seibt, Gustav: Christian Kracht: Neuer Roman, http://www.sueddeutsche.de/kultur/ christian-kracht-neuer-roman-es-roch-nach-menschentalg-1.707352 (Art. v. 20.09.2010) [eingesehen am 05.09.2014].

Spörl, Uwe (Hg.): Utopie, in: Basislexikon Literaturwissenschaft, 2., durchgeseh. Aufl., Paderborn [u.a.] 2006, S.170-171.

BEI GRIN MACHT SICH IHR WISSEN BEZAHLT

- Wir veröffentlichen Ihre Hausarbeit,
  Bachelor- und Masterarbeit

- Ihr eigenes eBook und Buch -
  weltweit in allen wichtigen Shops

- Verdienen Sie an jedem Verkauf

Jetzt bei www.GRIN.com hochladen
und kostenlos publizieren